探城寻宝记

海上花园的浪漫

彭彭——文

彭彭 燕十三——图

上海科技教育出版社

艺门文厦

U0100815

序 言

每一座城市都是一座等待着我们去挖掘的巨大宝库,

每一次游历都是一段探宝的历程!

这一站,我们将要探索一座风景如画的城市——厦门。

它是向海而生的海上花园,绵延的海岸线上满是碧海蓝天的浪漫;

它是悠闲安逸的闽南名城,中西合璧的建筑体现出包容开放的品格;

它是清新浪漫的文艺之都,蓬勃发展的文化艺术塑造了它的独特气质。

这里还有悠久的渔业传统,隐藏在市井烟火中的美食最能抚慰人心。

藏宝积星卡

看看你能找到几个宝箱？

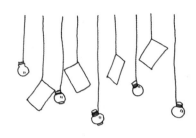

目　录

探城寻宝，你准备好了吗

闽南特区

探城寻宝，
你准备好了吗

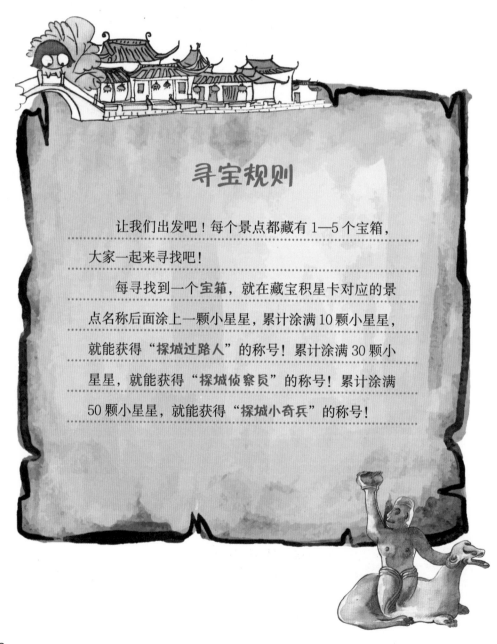

寻宝规则

让我们出发吧！每个景点都藏有 1—5 个宝箱，大家一起来寻找吧！

每寻找到一个宝箱，就在藏宝积星卡对应的景点名称后面涂上一颗小星星，累计涂满 10 颗小星星，就能获得"探城过路人"的称号！累计涂满 30 颗小星星，就能获得"探城侦察员"的称号！累计涂满 50 颗小星星，就能获得"探城小奇兵"的称号！

"藏宝地文化号" 快车

现在，让我们乘坐"藏宝地文化号"快车，穿越古今，快速地了解一下这次探城寻宝之旅的三大站吧！

第一站： 闽南特区

厦门地处闽南地区。闽南人依恋家乡，对自身的文化认同感很强，注重文化传统的保护。同时，闽南人的包容开放淋漓尽致地体现在厦门丰富的建筑形态中：西形中韵的骑楼、年代久远的红砖古厝、燕尾脊结合高石柱的嘉庚建筑、鼓浪屿形色各异的侨乡别墅……闽南人博采众长的文化特点可见一斑。

虽然厦门和深圳同为国家经济特区，且都位于南海之滨，但是厦门却有着和深圳截然不同的城市气质。厦门慵懒悠闲，比起"发展如风"的深圳，厦门显得更温吞，再加上地方有限、人口相对较少等客观因素的制约，厦门的经济实力相比深圳而言还有一定差距。不过，生活在厦门的人们幸福感很强，这里岛、礁、岩、寺、花、木相互映衬，侨乡风情、闽台习俗、海滨美食、异国建筑共同造就了厦门，四季如春的气候更为厦门的魅力锦上添花。

这一站，我们将走入厦门市区，探寻这座城市的闽南文化之根，以及由这个根结出的万象之果。

第二站： 漫步鼓浪屿

鼓浪屿，又名"琴岛"，在清代末年被列为公共租界，岛上建有各式各样的西洋别墅，同时又有众多闽南古建筑，因此鼓浪屿也被誉为"万国建筑博物馆"，荣列《世界遗产名录》。

鼓浪屿优美的自然环境、独特的建筑风格、浓厚的文化氛围，每年吸引着海量游客前来观光。

虽然现在有些人对鼓浪屿较高的商业化程度颇有微词，但它依然是厦门最值得一去的地方。如果你愿意跟随岛上若隐若现的钢琴声，花点时间了解老建筑的历史，那么极有可能打破时空的界限，探寻到走马观花难以感知的鼓浪屿秘境。

第三站：鹭岛海声

厦门在远古时为白鹭栖息之地，所以又被称为"鹭岛"。

这里海水环绕，沙滩广阔，气候宜人。

无论是对于挑剔水质和气候的白鹭来说，

还是对于比白鹭更能适应环境但也更挑剔的人来说，

向海而生的厦门都是一座既美丽又宜居的城市。

这一站，我们将沿着厦门的海岸线，

来领略这座城市别样的滨海风情。

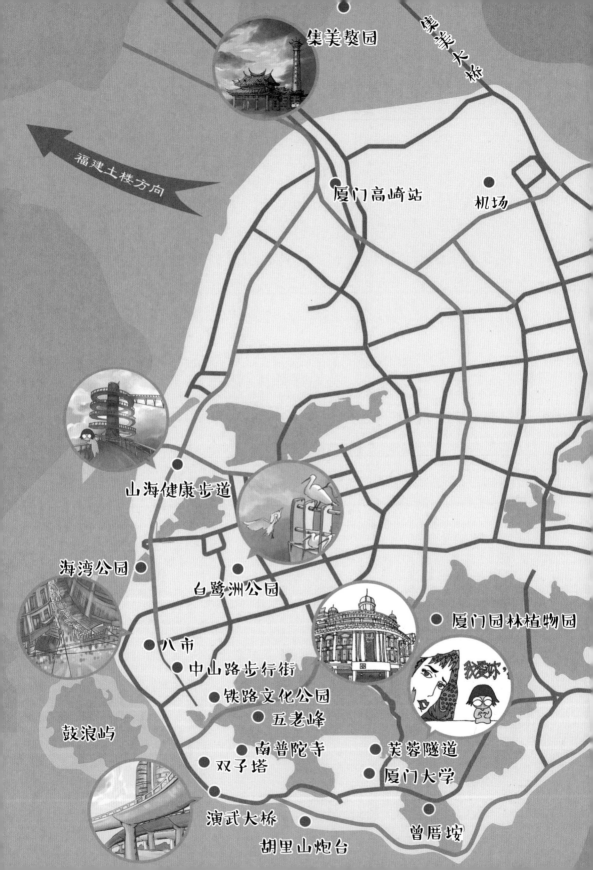

集美鳌园

集美大桥

福建土楼方向

厦门高崎站

机场

山海健康步道

海湾公园

白鹭洲公园

厦门园林植物园

八市

中山路步行街

铁路文化公园

五老峰

鼓浪屿

南普陀寺

芙蓉隧道

双子塔

厦门大学

演武大桥

曾厝垵

胡里山炮台

厦门

翔安隧道

小嶝岛方向

大嶝岛方向

● 五缘湾湿地公园

● 观音山

金门岛方向

金门大学 ●　　　　　● 机场

复兴屿　莒光楼 ●　　　● 乳山

● 翟山坑道

时光探测器

历史上，厦门在相当长一段时间内都是泉州治下的一座小城，清末被定为五个通商口岸之一后被迫向近现代社会艰难转型，民国时期从泉州的同安县分离出来，后又独立设市，才有了"厦门市"。换句话说，中华人民共和国成立时"厦门市"刚十来岁。

西晋太康年间

朝廷在这里设置同安县，属晋安郡，后并入南安县。

后唐时期

此地归属泉州。

明朝初年

朝廷为加强防卫，防倭寇红夷侵扰，筑厦门城。

清朝顺治年间

郑成功（驱逐荷兰殖民者收复台湾的民族英雄）驻兵厦门。

清末光绪年间（1903 年）

鼓浪屿沦为公共租界。

1949 年 10 月 17 日

厦门解放。

1980 年 10 月

厦门成为我国经济特区。

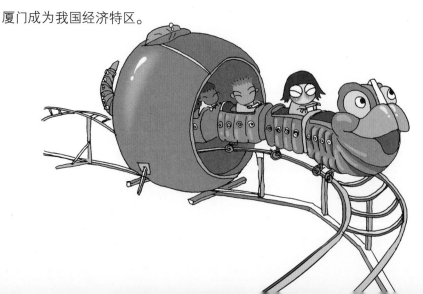

衣冠南渡，八姓入闽

晋惠帝时期，晋朝分裂，民生凋敝，八王之乱导致华夏大伤。胡人趁机起兵，侵扰中原，史称"五胡乱华"。"五胡"是指匈奴、鲜卑、羯、羌、氐等游牧部落，其实数目远非五个。

在中原大乱的百余年间，先后由胡人及汉人建立了数十个大大小小的政权，彼此混战不休，令百姓流离失所，死伤无数。

为了躲避胡人的残暴统治，中原的汉族臣民从黄河流域大规模向长江流域迁徙，史称"衣冠南渡"。福建地处东南一隅，当时政局相对稳定，于是大批中原百姓南迁至福建，这些移民主要有林、陈、黄、郑、詹、邱、何、胡八姓。直到今天，在福建地区的人口之中，姓林、陈、黄、郑的人口仍占了很大一部分。

这些移民带来中原文化和先进的生产技术，极大地促进了福建地区社会与经济的发展。

闽南特区

中山路

　　中山路是厦门鼎鼎有名的老牌商业街，是厦门繁华的代表，好似北京的王府井、上海的南京路、香港的中环。中山路地理位置绝佳，路的一端离轮渡码头不远，浓郁的南洋风情、深厚的历史底蕴、喧嚣的市井生活和浓重的商业氛围在这里交相辉映。对于来到厦门的游人来说，中山路是不能不去的地方。

中山路从街头到街尾约 1200 米长，两旁是以粉红和乳白色为主的闽南骑楼（宝箱一），复古风格的墙体和木窗为其增添了几分神韵，形成一道亮丽的风景线。骑楼的建筑风格是由归侨从南洋带来的，对于南洋所处的热带地区而言，骑楼那有顶盖、"五英尺（约 1.5m）"宽的步行通道十分有用，可以供行人通行且防日晒雨淋。"英尺"在马来语里叫做"kaki"，于是南洋的闽南人把骑楼称为"五脚基"。华侨很快将骑楼建筑风格带回了闽南本土，并结合厦门潮湿多雨以及常刮台风等气候特征，修建出商住结合的"中国式骑楼"，它既能遮风避雨，又能防止坠物伤人。

充满着浓郁南洋风情的骑楼同那些流光溢彩的夜景、琳琅满目的闽台小吃一起，构成了中山路与众不同的风情。

说到中山路的特色小吃，不能不提靠近轮渡的老字号黄则和花生汤店（宝箱二），它是我国首批被认定为"中华老字号"的店铺。鲜有厦门人不知道黄则和，就算是游客也或多或少有所耳闻。厦门的很多家黄则和门店以售卖面包、蛋糕为主，而中山路这家总店截然不同，它还售卖花生汤、韭菜盒、炸枣、沙茶面、面线糊、海蛎煎等闽南小食。这家店最出名的商品当属老少皆宜的花生汤。加入了鸡蛋的花生汤口感更加浓稠，香气扑鼻，花生被熬煮得入口即化，深受甜食爱好者的青睐。

中山路附近的新街堂被誉为"中华第一圣堂"（宝箱三），它始建于 1848 年，是我国最早供华人使用的基督教堂。该教堂可容纳数百人，除正堂外还有小礼拜堂、牧师楼等附属建筑物。教堂属罗马式建筑风格，廊前立有六根圆柱，红色坡顶上有六边形钟塔，塔内悬挂着百年前购置的美国铜钟。红色两坡屋面属砖石结构，古雅壮观。殿堂前廊的墙上，镶嵌有民国时期中华基督教会全国总会赠送的石匾"中华第一圣堂"。

中山路还有一道迷人而独特的风景——每年4月，恋家的燕子（宝箱四）总会如期归来，它们喜欢在既有横梁又有屋檐的地方筑窝，因此骑楼很受它们欢迎。燕子体态轻捷伶俐，两翅狭长，时而在空中飞舞，发出高亢嘹亮的叫声，时而凝神不动，站在商店门牌上伺机捕捉飞虫。

闽南人闯荡史诗 —— 下南洋

骑楼源于古希腊的外廊式建筑，是从南洋传到中国的。清末的中国多灾多难，在屡战乱、高税收、高佃租、频匪患等因素的共同影响下，百姓苦不堪言，人地矛盾在闽南这个多山少田的地方表现得尤为突出。此时，荷兰、西班牙、葡萄牙、英国等国家已先后在东南亚开辟商埠，急需大量劳动力，而非洲黑奴贸易那时已经衰落，西方殖民国家把眼光投向人口众多的中国，颁布了一系列优惠政策，鼓励华人前往东南亚。

有不少老百姓迫于生计或是出于经商需求，成规模地前往含马来群岛、菲律宾群岛、印度尼西亚等地在内的南洋一带，史称"下南洋"。

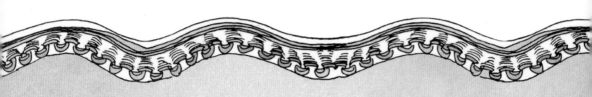

　　厦门是当时闽南有名的华工输出港，仅 1922—1939 年间，从厦门等港口出洋的移民就超过 500 万。这些想出国的人从老家来到厦门，然后找个客栈住下，等待去南洋的船起航。在厦门港，劳工们怀着对家乡的眷恋、对未来的期许，在火轮船的运载之下远离了港口。客栈除了提供住宿，还可以为买不起船票的人垫付船票费用，等这些人到南洋赚了钱再汇款回来还清。当时的客栈之所以敢这样做，是因为厦门是这些人往返南洋的唯一口岸，回来探亲必定躲不过去。而且，这些出远门的人如果想与家人通信等，也非得经过厦门不可。

　　"下南洋"移民潮自明朝开始，持续近300年。俗话说"海水到处，就有华人"，目前人们比较认可的海外华人华侨的总数已经超过 6000 万，其中有很大一部分分布在东南亚。据统计，印尼、马来西亚、泰国等国家都生活着数以百万计的华人。华人占多数的唯一国家是新加坡，华人约占总人口的 75% 以上。

　　18 世纪初，出现了以行业、宗教和籍贯为纽带的华人社团。在移居南洋地区一段时间后，华人团体集资建设了一批寺庙作为社团的中心建筑。这些寺庙很有特色，它们大多供奉关羽和妈祖。

厦门大学和集美学村

　　厦门大学被誉为"中国最美大学"，盛名在外的厦大思明校区成了比校外热门景点人气还旺的地方。

　　厦门大学是著名爱国华侨陈嘉庚先生于 1921 年创办的，是中国近代教育史上第一所由华侨创办的大学。令人钦佩的是，陈嘉庚先生不仅出资，还亲自参与到校舍的设计、督建工作中，并设计出闽南中式屋顶与西式屋身相结合的风格独特的建筑，即"穿西装，戴斗笠"的嘉庚风格建筑（宝箱一）。

宏伟壮观的建南楼群是厦门大学的标志性建筑之一，包括建南大会堂、成义楼、成智楼、南安楼、南光楼五幢大楼，是由陈嘉庚先生亲自参与设计并督建而成的。建南楼群秉承嘉庚建筑的"一主四从"传统布局，五幢建筑呈弧形排开面向大海，环抱美丽的上弦场。

上弦场（宝箱二）是一座历史悠久的体育场，因形似上弦月而得名。从建南大会堂往前走，下一段台阶后，你就来到了一个半圆形的操场上。长长的跑道上从来不缺少跑步锻炼的人，操场中间绿茵茵的草地上，有带孩子踢球的爸爸，有窃窃私语的小情侣……操场的看台由一层一层的砖石铺成，石缝中摇曳着不知名的野花野草。看台中央写有一副对联："自饶远势波千顷，渐满清辉月上弦。"

芙蓉湖是厦门大学的主要湖泊，湖四周环绕着厦大的几大主要建筑——逸夫楼、颂恩楼、恩明楼、自钦楼。这里水质清澈，常有白鹭与黑天鹅成群嬉戏，怡然自得。

位于芙蓉湖畔的颂恩楼是嘉庚楼群的主楼，是校园内最气派的建筑。颂恩楼由厦门大学校友捐资建造，而取名"颂恩"，意在颂扬母校栽培之恩。该楼高21层，是厦门大学跨世纪的标志性建筑，也是"穿西装，戴斗笠"的嘉庚式建筑风格的典型代表。站在颂恩楼对面的芙蓉湖观景台可以拍到颂恩楼群全景，这里也因此成为游客最喜欢的取景地之一。

　　位于厦门大学芙蓉餐厅旁的芙蓉隧道（宝箱三），被誉为"中国最文艺的隧道"，约1000米长的隧道中几百幅涂鸦甚为惊艳，美中不足的是大部分都被游客"到此一游"的笔迹毁了，令人不忍心凑近看。考虑到隧道中的涂鸦更新换代，为了照顾其他人的表达需要，厦大工作人员把所有涂鸦作品拍成照片，保存在电子博物馆中。

　　厦门大学的校园中遍布着绝美的凤凰木。它是厦门市的市树，同市花三角梅、市鸟白鹭一起，成为厦门形象的重要标志和名片。厦大的凤凰花见证过学子们入学时的欢欣，也目睹过他们离别时的惆怅。凤凰花开时，只见满校园的凤凰木枝头一片火红，"叶如飞凰之羽，花若丹凤之冠"，甚为灿烂；而花期临近结束时，这些鲜红的凤凰花从枝头坠下，落英缤纷，铺满林间小路。这些无比绚烂的花儿真是像极了恣意张扬而又转瞬即逝的青春。

位于厦门市集美区的集美学村（宝箱四）和厦门大学一样，也是陈嘉庚先生捐资修建的，同样有中西结合的嘉庚建筑和宁静美丽的校园风景，有微波荡漾的龙舟池、绚烂夺目的紫荆花和凤凰木、古老的大榕树……高耸的南薰楼是集美学村的标志性建筑，由主楼及两侧附楼组成，呈Y字形。主楼为高15层的西式建筑，屋顶为中式方亭，楼身采用细纹花岗岩材质，绿瓦飞檐。塔楼顶部有"集美"两字，两侧附楼似展翅的双翼，使得南薰楼呈凌云腾飞之态。

鳌园（宝箱五）在集美学村东南角的海滨，是陈嘉庚先生的陵墓所在地，由于其陵寝的形状像一只寿龟而得名。鳌园主要分为三个部分：门廊、集美解放纪念碑和陈嘉庚先生的陵墓。进入园内，映入眼帘的是一条长50米的游廊，两边的墙上镌刻着40幅古今历史人物的连环浮雕，千姿百态，表情生动。走到园区的中央，你可以看到高高矗立着的集美解放纪念碑，碑的正面是毛主席题的字，背面是陈嘉庚先生亲手撰写的碑文。

　　集美解放纪念碑由花岗岩制成，看起来非常宏伟。纪念碑台基的四周布满了动物主题的青石浮雕，每块浮雕上方都镌刻着20世纪五六十年代流行的标语口号，如"厉行节约""创造财富""发扬国际主义精神""向中国人民解放军致敬""积极完成纳税任务"等，生动地再现了当年人民建设社会主义的热情和精神风貌。

　　如今前往鳌园祭拜陈嘉庚先生的人络绎不绝。他一生致力于家乡集美的建设，爱国爱乡，深得大家的爱戴。

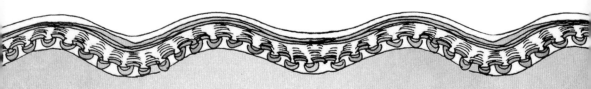

史上最"抠门"的巨富

陈嘉庚先生是新加坡华侨，祖籍厦门集美，一生热心办学，从 1913 年起陆续在集美创办了 12 所院校，形成规模宏大的集美学村，1921 年创办了厦门大学。毛主席题词赞扬他是"华侨旗帜，民族光辉"。

集美学村中心区域的嘉庚路 149 号为陈嘉庚的故居，两层小楼里面陈列着先生生前的生活用具，彰显了他俭朴的作风。走近一排陈列橱，你能看到一把他使用了约 20 年的布伞。当年这把伞使用的时间长了，伞布磨损破烂，他就让侄媳妇帮忙缝补。后来实在无法缝补了，他又让侄媳妇买块新的布来替换腐朽了的旧伞布。家人说那伞太不像样了，要给他更换一把新伞，他说："不像样不要紧，能用就行了。"

在较早的年代，电厂供电只持续到晚上 10 点。在这个时间点后，陈嘉庚先生就点蜡烛继续工作，他用来做烛台的是一个捡来的断把破瓷杯，家人建议他买一个新烛台，他不许，说："该用的钱，几千几万都得花，不该用的，一分钱也不能浪费。"

为接待时任上海市长的陈毅到访，陈嘉庚先生让下属买些糖块放在办公室的茶几上，负责此事的下属买了一斤糖。事后陈嘉庚先生批评下属："买那么多干什么？首长最多尝一二颗，买它二两糖果就足够了。"

　　身为当时最富有的华侨巨商之一，陈嘉庚先生何以如此"节俭"？他自己的话就是答案："所以如此者，盖以个人少费一文，即为吾家多储一文，亦即为吾国多储一文，积少成多，以之兴学，此余之本意。"原来，陈嘉庚先生这般节俭，是想用省下的钱来兴学育人，支援革命和建设。陈嘉庚先生一生献给文教事业的款项，价值人民币一亿五千万元，临终时还把 300 多万元献给国家，而当时他自己平均每月的家用却非常少。这种倾资办学的举动世所罕见。

　　陈嘉庚先生的高尚精神影响了许多东南亚地区的华人。在他的精神感召下，不少华侨纷纷在家乡兴办学校。据资料显示，从 1915 年到 1948 年，福建华侨捐资兴办的中学有 48 所，遍布福建全省各地的侨乡。由此可见，陈嘉庚先生为中国教育事业作出的贡献极其巨大。

南普陀寺—五老峰—园林植物园

南普陀寺坐落在厦门大学的边上，可以和厦大安排在同一天游览。南普陀寺是闽南乃至全国闻名的佛教寺院，这里不收门票费用（但需要预约入寺），不需要捐赠香油钱，还免费赠送佛香，寺里的大小师父都平和待人，所以深受大家的推崇。

南普陀寺（宝箱一）起源于唐代，于清代康熙年间重建，因其与普陀山普济寺同样主祀观音菩萨，又地处普陀山之南，故名南普陀寺。从山门一路往前，你能看到天王殿、大雄宝殿、大悲殿、藏经阁等主要建筑，两厢的钟楼和鼓楼、慈善楼与普照楼，左右对应，雄伟壮观。寺的外围有东西两座山门，东山门靠近厦门大学，西山门靠近钟鼓索道。两座山门之间的距离很近，所以无论从哪座山门进去都很方便。放生池在两座山门中间的前方，内有乌龟自在游弋，南面紧挨着荷花池。

南普陀寺的素斋非常有名，这里还挂着"天下第一素宴"的牌匾。普照楼是品尝素斋的绝佳去处，素食爱好者可以考虑在此用餐。离开的时候建议带几盒素饼回去。南普陀素饼（宝箱二）是厦门著名特产，曾在第四届中国美食节上被授予"中国名点"的称号，并荣获金鼎奖。南普陀素饼有甜、咸等多种口味的馅料，如果你有选择困难症，不妨选择口碑比较好的椰子味、南瓜味和绿豆味的素饼。

南普陀寺后坐落着五老峰（宝箱三），五个山头丛林葱郁，白云缭绕时远远望去，好像是五位须发皆白、历尽人间沧桑的老人翘首遥望茫茫大海，故名五老峰。你可以沿着南普陀寺藏经阁后面的台阶登上五老峰，在山脚下你将看到迎面而来的巨石上刻着特大的"佛"字，笔画粗犷豪放，吸引了许多善男信女来此祈福。

从山脚的南普陀寺步行到山顶大约需一小时的时间，沿路有许多观景平台，可供游人观赏风景及拍照留念，到达最高处后，厦门大学的所有建筑及鼓浪屿全貌一览无遗。

五老峰的终点是厦门园林植物园的一个入口。植物园中有许多引人入胜的景点，如南洋杉疏林草坪、万石涵翠、万笏朝天、天界寺、新碑林等，其中不少曾是厦门旧时的名景。植物园中还有许多专类园区，如奇趣植物区、棕榈植物区、山茶园、蔷薇园、雨林世界、多肉植物区、花卉园……其中最受欢迎的是雨林世界和多肉植物区（宝箱四），那里有巨大无比的仙人掌，有自带"仙气"（雾化器产生的水雾）的热带雨林，拥有国内最大最多的多肉植物，因此也是热门的拍照留念地之一。

钟鼓索道（宝箱五）位于植物园西侧，全长1000多米，乘坐缆车单程大约需要20分钟，横跨万石植物园、虎溪岩、鸿山公园直至南普陀五老峰。缆车载着游人悠然在空中运行，腾云驾雾般飞过山峰，越过森林，在缆车上可以俯瞰厦门城市建筑群、鼓浪屿全岛、南普陀寺及厦门大学全景，尤其是日落时分，夕阳的光辉洒落在海滨的厦门最高楼双子塔上，无比壮观。

寺庙布局大揭秘

寺庙是许多地方的"探城寻宝者"都无法避免的藏宝地。通常来说，在典型的寺庙中，山门、天王殿、大雄宝殿、法堂、藏经楼（阁）、方丈室等依次排列。

山门：佛寺多建于山上，所以寺院的外门叫"山门"，又称"三门"，一般由并列的三扇门组成。中间一扇大门，两旁各有一扇小门，象征着"空门、无相门、无作门"，总称"三解脱门"。

许多寺院将山门建成殿堂式的"山门殿"。殿内通常塑有两尊金刚力士像，形貌雄伟，怒目相向，手持金刚杵以震慑妖魔鬼怪。左边的力士怒目张口，右边的力士怒颜闭唇。在较晚建成的某些中国佛寺内，金刚力士被哼哈二将（闭嘴的是"哼"将，张嘴的是"哈"将）所替代，那是受《封神演义》影响的缘故。

按照礼节，寺院的门槛绝对不能踩，且香客们一般不走中间门而走边门以表示谦卑。进寺礼拜或参观一般按顺时针方向走即可，因为在佛教发源地古印度，以顺时针右绕为吉祥。

钟楼、鼓楼：进山门之后，有钟、鼓二楼相对。位于东面的是钟楼，位于西面的是鼓楼。一般早晨先敲钟，以鼓相应；傍晚则先击鼓，以钟相应。有的寺院钟楼下供奉地藏菩萨，鼓楼下供有伽蓝神关羽。

天王殿：较大的佛寺都有天王殿。进山门之后，两旁的钟楼、鼓楼和中间的天王殿构成寺庙的第一重院落。天王殿里一般都有弥勒佛、四大天王、韦驮菩萨。

大雄宝殿：在佛教寺院中，大雄宝殿是正殿，乃整座寺院的核心建筑，也是僧众朝暮集中修持的地方。大雄宝殿前大院正中摆放着一个大宝鼎，通常刻有该寺寺名。殿内佛像前有许多经幡及各种法器，使大雄宝殿显得庄严肃穆，令人肃然起敬。

大雄宝殿中供奉释迦牟尼的佛像。"大雄"是佛的德号，"大"指包含万有，"雄"指摄伏群魔。因为释迦牟尼佛具足圆觉智慧，能雄镇大千世界，因此佛家弟子尊称他为"大雄"。宝殿的"宝"是指佛宝、法宝、僧宝这佛教三宝。

罗汉堂：罗汉是释迦牟尼的弟子，男性僧人。有的佛教寺院设有罗汉堂，有的还单独建有罗汉院。寺院供奉的罗汉有多种不同类型，最常见的有十六罗汉、十八罗汉和五百罗汉等。

禅房：禅房又称禅屋、禅居、禅堂，是指禅宗寺院修禅人的居住之所或静思之处，禅房一般在寺院的后部或方丈室附近。

方丈院：方丈院是寺院方丈或监院（监院是寺院的总管，地位仅次于方丈）的住所，大型寺院一般会在后部单独建一处房屋或院落。

大斋堂：佛教提倡众生平等，僧人不管地位高低都集体就餐，不能分散就餐，而大斋堂即众僧人用餐之地。

藏经楼：藏经泛指佛教经典。有名的寺院大都建有藏经楼或藏经阁，位置在佛寺最后一个院落，常为一座两三层高的楼阁，作为存放佛经之所。

闽南美食

闽南人历来讲究饮食，并形成了"鲜、香、淡"的独特风味。如今，闽南各地的大街小巷里云集了各种各样的小吃，厦门更是闽南美食的汇聚之地，这里的美味小吃数不胜数：沙茶面、花生汤、海蛎煎、烧肉粽、姜母鸭、虾面、蚵仔面线、面线糊、四果汤、妙香扁食、麻糍、土笋冻、芥菜饭、鸭肉粥、鸭肉面线、海蛎炸、炸枣、炸芋、菜丸子、八市红龟粿、芒果冰、闽南猪脚饭、煎蟹、同安封肉、椰子饼、凤梨酥、马蹄酥、鼓浪屿肉松、鼓浪屿馅饼、牛轧糖、鱼皮花生、萝卜糕……想要尝遍，恐怕很难。

此外，你还可以在这里吃到八大菜系之一的闽菜，如佛跳墙、荔枝肉等特色菜品。

沙茶面

如果论厦门最具代表性的小吃，那么当属沙茶面（宝箱一）了。沙茶不是茶，而是指用花生、虾米、辣椒、沙姜等煸炒熬制出的汤头，金黄中透着红亮，或甜或辣，还伴着浓香，这样的汤头便是沙茶面的灵魂。再加上海鲜，猪、鸭等的内脏或是豆腐、油条等料码，烹制出口味十分鲜美的沙茶面，让人一尝就难以忘却，离开厦门后也会经常想念当时唇齿留香的感觉。

蚝干粥

大概是因为地处沿海，福建人民深谙利用海鲜的鲜味烹制佳肴之道，把海鲜做成菜、汤或者粥。闽南人最擅长把一碗蚝干粥（宝箱二）做得毫无腥味，并保留生蚝的鲜味。其中的诀窍在于，要把食材蒸得够烂够熟，熬粥时的火候掌控也极为讲究，从而熬煮出入口即化的口感，蚝干和米粒融在一起，鲜中带甜，黏糯适中。

土笋冻

土笋冻（宝箱三）是很有名的闽南小吃。它看上去晶莹剔透，口味鲜甜爽口，若加上酱油、蒜蓉、辣酱、姜丝等佐料，风味更佳，据说还具有清热补脾润肺的功效。

只是大多数品尝过土笋冻的游客都不知道制作土笋冻的原材料。土笋冻是用生长于海边滩涂的一种名为"土蚯"的虫子加工制作而成的，它富含的胶质经过熬煮后会充分溶入水中，盛出来装在小碗中，冷却后即凝结成一小碗土笋冻了。

关于土笋冻的来源还有一个传说：民族英雄郑成功在收复台湾时，有一阵子遇到粮草紧缺的窘况，但又不愿意接受老百姓的接济，每日仅食用以"土笋"煮成的汤。然而，他又经常忘记喝，为了不麻烦手下为他温热，就直接食用凝成冻的土笋汤，发现味道更鲜美。这种无意间发明的吃法在军中流传开来。

白灼章鱼

章鱼的吃法很多，白灼章鱼（宝箱四）却是厦门独有的。白灼章鱼口感鲜嫩爽脆，搭配清脆的黄瓜、酸甜的腌萝卜、香甜的芫荽，鲜脆无比，在夏天是不可多得的消暑美味。

白灼章鱼的食材选择非常重要，新鲜是关键，只有鲜活章鱼才能用来白灼，冷冻章鱼是不适合白灼的，即使勉强制作也是口感烂糊难以下咽。

"磨章鱼"是制作白灼章鱼时一道十分重要的工序，一定要手工揉搓，可以去除章鱼身上的黏液，并使口感更加爽脆。一项普通的手艺，其烦琐的流程却考验商家的耐心和良心。接下来，煮章鱼的火候也很关键，大火沸水煮一分钟左右捞起，然后放入冰水迅速冷却，最后佐以精心配制的蘸料。美味的白灼章鱼鲜香醇美，冰脆鲜爽的弹牙口感让人回味无穷。

姜母鸭

厦门美食中受欢迎程度仅次于海鲜的是鸭子。在众多鸭子的烹饪方法之中，厦门人最爱的还要属姜母鸭（宝箱五）。

厦门人将三年以上的老姜称为"姜母"，笃信它有驱寒祛湿的功效。把半干的"姜母"铺在盛有鸭子的锅底，加入独家配制的酱汁，炉火燃起，猛转小火，姜母和调料幻化成的曼妙口味在高温下进入鸭肉的纤维之中，香气不断飘散开来。煮好的完整鸭子，再和姜母一起放进热锅里，倒上大量的麻油，一边熬出干香，一边用剪子咔嚓咔嚓剪碎。有的姜母鸭店没有裂鸭这个环节，总让人觉得少了一个相当明艳的高光时刻。

经过高温淬炼的姜母鸭，入口时那份温热的浓郁焦香中混合了鸭油和麻油的香，甜香中带着丝丝辛辣，十分美味，还特别下饭。

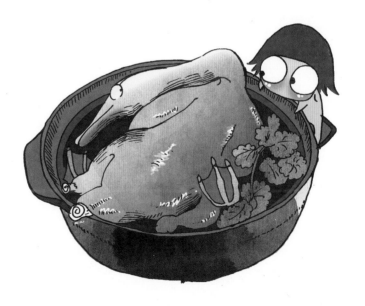

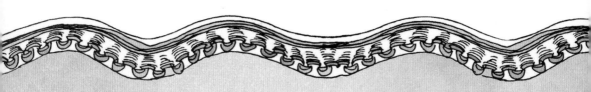

宁可一日无米，不可一日无茶

在厦门老城区，你随时都能看到店门口或居民楼下三三两两的人坐在一起。一张小四方桌，几张小矮凳，一壶本地产的乌龙茶，配着鱼皮花生、雪片糕、蜜饯、馅饼等小食，聊些家长里短，传些小道八卦，茶水下肚，时间也就消磨过去了大半晌。

厦门人爱喝茶，这是闽南人世世代代流传下来的生活习惯。古时闽南人出海后，长期食用鱼肉，导致身体营养失衡，肠道不适。渔民们发现，茶叶能够补充体内缺失的元素，还能够有效地去除鱼腥味，而且易于保存，茶叶从此成为渔民们生活的必备品。

现在闽南人日常的"开门七件事"中，茶被摆在第一位。他们把茶叶称为"茶米"，把茶叶和大米相提并论，"宁可一日无米，不可一日无茶"。

　　几乎每个闽南人家里都会有一套精美的功夫茶具，一般包括茶壶、茶杯、茶洗、茶盘、茶垫、水瓶、水钵、龙缸、红泥火炉、砂铫、羽扇筷等。功夫茶并非某一种茶叶或茶的名字，而是一种泡茶的技法。之所以叫功夫茶，是因为这种泡茶的方式极为讲究，没有点儿"功夫"是不行的。

　　先不论茶叶、茶具，单是倒茶的手法就有不少讲究。嗅茶、温壶、装茶、润茶、冲泡、浇壶、温杯、运壶、倒茶、敬茶、品茶，一系列复杂步骤之后，倒出来的茶只有约乒乓球大小一杯。怪不得有言道："闽中茶品天下高，倾身事茶不知劳。"

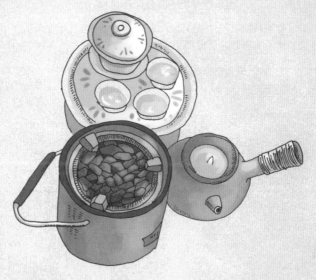

土楼文化

　　来到厦门，最值得一看的是坐落在厦门市周边的福建土楼。福建土楼初建于宋代，兴盛于明清时期，因其多为客家人所建，也被称为客家土楼。客家人的祖先并不是土生土长的福建本地人，当时的移民为了与当地人相区别，称自己为"客家人"。

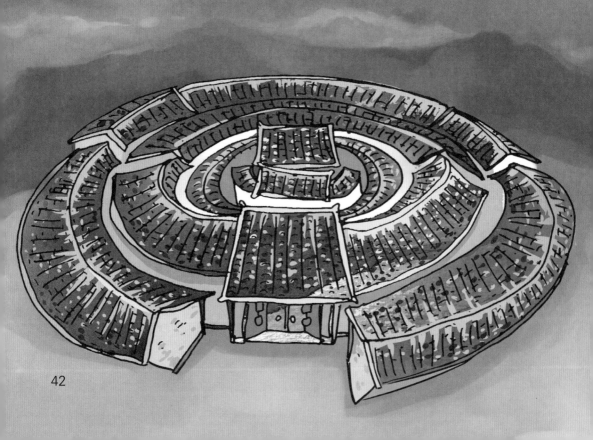

其实客家人并不属于少数民族，而是辗转南迁的汉族人，他们主要集中在福建、广东、江西三省交界的地方。这里以前属于"三不管"的动乱地带，客家人经常遭到土匪、倭寇的袭击，且不同姓氏家族间的武装冲突也时有发生。恶劣的生存环境迫使客家人建造易守难攻的堡垒，聚族而居，以保性命，极具"防御性"的客家土楼因此诞生。

被列入《世界遗产名录》的福建土楼，主要分布在厦门市周边的南靖、永定和华安三块地方。其中南靖离厦门市区仅需两个小时左右的车程，现存黄土夯就的土楼 15 000 多座，汇集了全世界最老、最美、最高、最大、最小、最奇的土楼，堪称"土楼王国"。

南靖的云水谣景区是个历史悠久的古老村落，村中有幽幽古道、神奇的土楼群，还有灵山碧水、百年老街、千年古榕树……到处都给人一种超然世外的感觉。景区拥有两座非常有名且典型的土楼——怀远楼、和贵楼。

　　和贵楼（宝箱一）高大壮观，底面呈长方形，看起来颇似古代城楼。楼如其名，在日新月异的潮流中，它显得异常安宁和沉稳。这座神奇的土楼像一艘大船停泊在沼泽地上，建设时用 200 多根松木打桩、铺垫，历经 200 多年仍坚固稳定，保存完好，因而被称为沼泽地上的"诺亚方舟"，有"天下第一奇楼"之誉。

　　和贵楼是南靖最高的土楼，内部有 140 个房间，居住着简氏家族 100 余人。一楼的居民们在自家商铺门口悠闲地坐着，顺便招揽下生意；二楼悬挂着主人家晾晒的菜干。沿着回廊走一圈，可以发现经过炊烟的熏染和岁月的侵袭，楼内木柱栏窗户透出黝黄色的光泽，与门户上红底黑字的对联交相辉映，给人以古朴悠远的感觉。

　　土楼主要以圆楼和方楼为主，而圆楼是最具代表性、造型艺术最富魅力的土楼建筑形式。怀远楼（宝箱二）是建筑最精美、保存最完好的双环圆楼。在崇山峻岭之间，怀远楼宛如天外来物，突兀地出现眼前。巨大的圆形恍如与天穹呼应，朴实的黄土墙又如此贴近大地。

　　圆楼巧妙利用圆筒状结构均匀地传递载荷，墙体之中埋有竹片、木条等韧性物料，因此具有良好的抗震能力。圆楼还利用其厚达一米的土墙体，在内部形成一个小气候带，既能保证冬暖夏凉，又能保持楼内的湿度。

据说，土楼是由三合土灌浇而成，虽然看起来好像松松垮垮的样子，但摸起来十分坚固。三合土是古代很多帝王陵墓常用的材料，可见其坚韧性之强大。怀远楼的楼基用巨型鹅卵石和三合土垒筑3米多高，至今外墙表面仍很光滑没有剥落，给人一种朴素自然的感觉。墙面不加粉饰，夯实的泥土直接暴露在空气中，一层层泥土交错的痕迹依稀可辨，好像这土楼是从岩石中自然长出的一样。

南靖的土楼群中，最让人津津乐道的是被戏称为"四菜一汤"的田螺坑土楼群（宝箱三）。它位于南靖县书洋镇上坂村，为黄氏家族聚居地。田螺坑土楼群由1座方楼（步云楼）、3座圆楼（和昌楼、振昌楼、瑞云楼）和1座椭圆楼（文昌楼）组成，方形的步云楼居中，其余4座环绕周围，从高处俯瞰就像一桌菜。

田螺坑土楼群依山势错落布局，建造在山腰，被绿色梯田包围着。这个土楼群是经过一段较长时间逐渐形成的，最先盖起来的是方楼，也就是"那碗汤"，雅名"步云楼"，建于清嘉庆年间（1796—1820年），距今200多年。步云楼依地势将中厅修建成阶梯状，让人进入大门后体会"步步高升"的快感。

一座土楼相当于一个小社会，共同生活在土楼里的各家各户均属同一宗族，他们互帮互助，生活融洽。居民们住在围成一圈圈的房间里，天井的公共区域有小孩在欢快地奔跑，妈妈们一边洗菜一边聊天。游人来土楼游览，不但能欣赏到奇特的建筑风貌，还可以强烈地感受到中国人重视家庭的价值观，因此土楼是非常值得一去的地方。

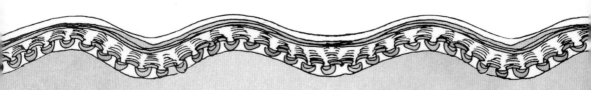

闽南人与客家人的区别

福建地区的闽南人和客家人都不少。除了语言不同之外，这两类人群还有什么区别呢？

客家人和闽南人都是从北方南迁过来的，但两者迁移的路线和时间有所不同。如今客家人主要集中在闽西、赣南、粤东这一带，而闽南人则大多选择居住在沿海地区，如台湾、福建省东南部的厦门市、泉州市、漳州市等。简单来说，其分布状况大体符合"在山为客，在海为闽"的特点。

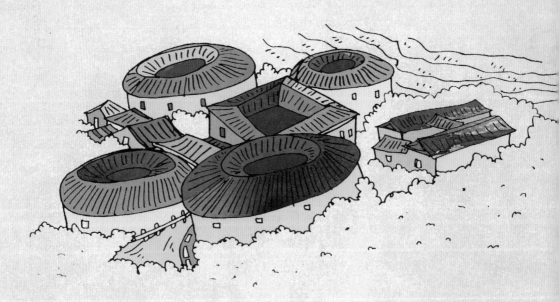

　　所在地域环境的根本区别也让两者的民俗文化变得千差万别。生活在山里的客家人时不时要抵御土匪山贼的入侵，于是有了土楼这种居住与防御功能兼备的集团住宅，客家人实用至上的观念也在此体现；而闽南传统建筑的代表是金碧辉煌的红砖大厝，是一种融合了东西方不同文化的宫廷式建筑，气势恢宏，色彩明亮，体现了闽南人独特的审美追求。

　　客家人重教育，他们心怀家国之思，对学而优则仕极其重视，故多以从仕为目标。在古代，航海活动几乎九死一生，在海上生死一搏的闽南人养成了好冒险的性格；现在的闽南人则多经商，希冀获得财富从而光宗耀祖。

　　在过去，还有一种能较简单地区分闽南人和客家人的方式：如果家里有一个神龛，那通常是闽南人，沿海的闽南人下海捕鱼，最大的敌人是不可预知的风浪，只能祈求神灵保平安了；如果家里挂祖宗像，通常是客家人。在山区的客家人，主要面对的是人祸（土匪山贼），保证生活安宁的关键在于内部团结，所以重族系。客家人没有把神龛放在家里的习俗，他们认为祖在家、神在庙，如果要拜神就该到庙里去拜。

八市

"菜市场是一座城市的灵魂",对于厦门而言,八市就是这样灵魂般的存在。如果你穿梭在八市一带的街道之间,融入厦门本地人的生活,就能够感受到属于厦门的市井烟火味。

八市(宝箱一)离中山路不远,原名"厦门第八市场",是厦门的老牌市场之一,如今的八市囊括了老厦门一带的开禾路、营平路等多条路。这里人来人往,很是热闹。因为离海很近,每天渔船新捕的海鲜大多会第一时间送到这里。你可以看到琳琅满目、千奇百怪的海鲜比比皆是,很多你甚至可能连名字都叫不出来,还可以购买海鲜到附近的海鲜加工店,让老板替你现场烹制。除了海鲜以外,八市还有很多美食,烤鸭、手撕鸡、糕点、卤味、水果等都非常受当地人欢迎。

类似的寻宝地如大同路和台湾小吃街等,都离八市不远。

铁路文化公园

厦门市铁路文化公园（宝箱一）的老铁路曾经是鹰厦货运铁路延伸线，荒废多年后如今旧貌换新颜，同周边地块一起被改造成以铁路为主题的带状公园。公园全长4.5千米，串起了厦门老城区、金榜公园、万石植物园、鸿山公园等，一路走走停停，要近2小时才能走完全程。

漫步在公园里的铁轨上，穿过长长的鸿山隧道，两边绿意盎然，鸟鸣声此起彼伏，时不时会出现一个个以"人生"为主题的站台：童年站、青年站、中年站、老年站。随着铁轨的绵延，厦门老城区的市井文化慢慢地渗透出来，铁路文化公园称得上是展示厦门生活百态的城市走廊。

山海健康步道

　　东西向贯穿厦门岛的山海健康步道(宝箱一)，集休闲、健身、旅游功能于一体。步道全长约 23 千米，有 50 多个出入口，起于邮轮码头，终于观音山梦幻沙滩，沿线串联狐尾山、筼筜湖、仙岳山、园山、薛岭山、虎头山、金山、湖边水库、五缘湾、虎仔山、观音山等岛内的"八山三水"。走在这样的"空中步道"上，厦门岛的美景尽收眼底。

漫步鼓浪屿

万国建筑

鼓浪屿是厦门的一座小岛。鸦片战争以前，鼓浪屿一直人烟稀少，岛上的人大多过着半渔半农的生活。直到厦门成为通商口岸，外国殖民者大量涌入，鼓浪屿的巨变由此开始，民房、教堂、学校、医院……各种风格迥异的建筑如雨后春笋般在这个小岛上涌现。所以，鼓浪屿也有"万国建筑博物馆"的美称。

三丘田码头

八卦楼 （风琴博物馆）

种德宫

黄家渡码头

厦门鼓浪屿码头

厦门海底世界

三一堂

马约翰雕像

鼓浪屿音乐厅

林语堂故居

鼓浪石

琴园

日光岩

皓月园

英雄山

港仔后海滨浴场

大德记浴场

钢琴博物馆

　　现在鼓浪屿荟萃了上千座风格各异的建筑。这里有中国传统风格的飞檐翘角的庙宇，有闽南建筑风格的院落平房，有小巧玲珑的日本屋舍，也有 19 世纪欧陆风格的原西方国家的领事馆……

这个小小的岛屿曾经是很多国家领事馆的驻地，也有不少归国的南洋华侨定居于此。那些华侨多半都是闽南人，祖上几代在海外打拼，他们自然想要荣归故里。光是传统的闽南特色大宅似乎还不能衬托出他们的身份，所以鼓浪屿很多别墅都融合了闽南建筑风格和南洋建筑风格，再加上各国领事馆，"万国建筑博物馆"的名称由此而来。

　　海天堂构（宝箱一）是鼓浪屿唯一按照中轴线对称布局的别墅建筑群，系菲律宾华侨黄秀烺与同乡好友黄念忆所建。该楼群由五幢对称的中西合璧的楼组成，在楼群正门的门楼横匾上书写"海天堂构"四个大字，以示楼群规模宏大。

　　海天堂构是中西方文化结合的典范之作。门楼是典型的中国传统式样，重檐斗拱、飞檐翘角。这种中国屋顶压住西洋主体的建筑，据说是当时中国人内在情绪的一种发泄。

　　20世纪50年代后期，海天堂构曾经作为鼓浪屿区政府所在地。现在海天堂构依然保留原有的建筑风貌，五幢老别墅对外开放三幢。其中一栋成了书店；一栋为中国非物质文化遗产南音和木偶的演艺中心，在这里你可以观看木偶世家精彩绝伦的表演，还可欣赏到难得一见的"御前清曲"南音艺术表演。主楼则被开发为鼓浪屿建筑艺术馆，主要展示老别墅及其背后鲜为人知的名人往事，深具怀旧色彩。在海天堂构，你可以远离喧嚣，安静地享受古典音乐，或看一本书，时间不知不觉地从指缝中溜走。

番婆楼（宝箱二）是鼓浪屿上另一栋知名的老建筑，系泉州晋江籍菲律宾华侨许经权建造，落成于1924年。当年许经权将其母亲接到菲律宾孝敬供养，可是许母过惯了闽南生活，不习惯菲律宾的水土，没住几个月就闹着要回晋江老家，这令许经权颇感为难。于是，许经权来到鼓浪屿购地建房，供养母亲，以尽人子之孝。他还在别墅前院建了一座戏台，经常请来戏班子，为其母演唱。许母平时换穿儿子们送的衣衫，佩戴儿子们买的金银首饰，珠光宝气，俨然是一位南洋富婆。街坊邻居称其为"番婆"，她住的这幢别墅自然就叫成"番婆楼"了。不过，据考证，此楼名实际上与女墙上的西洋女郎浮雕有关。

　　现在的番婆楼保留了原来的风采，依旧住满人：地下隔潮屋里住拉板车的外乡人，楼上则租给白领一族，其中还有慕名来到鼓浪屿体验生活的作家、艺术家，他们白天采风，晚上自由创作。

宗教建筑也是鼓浪屿"万国建筑"中的重要组成部分。鼓浪屿天主教堂（宝箱三）位于厦门市鼓浪屿鹿礁路34号，该址原为西班牙领事馆，后改为法国领事馆。1916年，西班牙传教士马守仁成为厦门教区主教，用另一座楼房与法国领事馆交换，把领事馆改为主教楼，并在主教楼前面建了一座哥特式单钟教堂，作为主教座堂。

鼓浪屿上还有一个教堂叫"三一堂"（宝箱四），处于岛中央的位置，有很多本岛居民去做礼拜。红色砖墙、白色屋顶的三一堂在蓝天和绿荫的映衬下显得格外清新。

以一块大石头命名的小岛

鼓浪屿面积1.91平方千米，人口不到两万人，宋元时期被称为"圆沙洲"，又有"五龙屿"之称。明代始称鼓浪屿，缘于岛的西南海边有一块大岩石，长年累月被海浪冲蚀形成一个大洞，每逢潮涨时海浪拍打岩洞，发出如擂鼓的声音，人们称它为"鼓浪石"，小岛也就称为"鼓浪屿"了。

1650年，郑成功在日光岩安营扎寨，操练水师，发动起义抗清。1841年英国舰队攻占鼓浪屿，设炮台于山顶控制厦门，一年后清政府被迫与英政府签订不平等的《南京条约》，厦门成为五个通商的口岸之一，码头就设在鼓浪屿。先后有英国、美国、德国、法国、日本、荷兰等13个国家来到鼓浪屿设领事馆，建公馆、教堂、学校、医院和洋行。这段时期，很多传教士来到鼓浪屿，他们建立的学校对中国现代教育产生了重大影响。如今岛上有很多不同国家风格的建筑，鼓浪屿也因此更加出名。

1941年12月太平洋战争爆发，日本占领鼓浪屿。1945年8月15日日本无条件投降，从此鼓浪屿结束了100多年被奴役的历史，重新回到厦门人民手中。

文艺琴岛

　　当你坐轮渡上鼓浪屿时，有一个红屋顶赫然跃入眼帘，它就是大名鼎鼎的八卦楼的红色圆顶。八卦楼是鼓浪屿的标志性建筑之一，不论是乘坐海轮往返时还是乘坐飞机往返时都能看到它。它矗立于鼓浪屿中部，傲视云天，与日光岩形成和谐的对景，如今在夜幕降临时分，它在灯光的映照下显得更加璀璨夺目。

八卦楼的顶窗呈四面八方二十四向，故称"八卦楼"。八卦楼原主人为林鹤寿，与菽庄花园主人林尔嘉是堂兄弟。1895 年，林鹤寿随父亲从台湾迁往厦门鼓浪屿定居。由于开办钱庄有相当的经济实力，林鹤寿立志要盖一幢在楼顶处能纵览厦门、环视全鼓浪屿的大别墅。

八卦楼（宝箱一）由美籍荷兰人郁约翰设计，在建造的过程中，由于设计的材料规格与市面上常见的不符，需要特殊加工或订购，有的还要去国外采买，因此遇到了很多问题。林鹤寿很快就资金短缺，虽然他变卖家产并以钱庄担保，但是工程仍然时断时续。1920 年因工程资金超支，林家被大楼拖垮而宣告破产。从此人去楼空，八卦楼成了废宅。

破产之后，林鹤寿于 1922 年回到台湾，后来又到大陆生活，但终生未再回鼓浪屿。散发着理性美感的八卦楼对于林鹤寿来说是一个凄美的悲剧，后来日本领事馆出面设计加盖穹隆顶，加以修整。现在的八卦楼成了厦门市风琴博物馆。

台湾富商林尔嘉建的菽庄花园名气堪比八卦楼，园主人以他的字"叔臧"的谐音命名花园。台湾沦为日本殖民地后，林尔嘉不愿意生活在日本人的统治下，便搬到鼓浪屿上，按照台湾住所的样貌在岛上建成私家别墅。因为鼓浪屿在当时是万国租界，日本人不敢乱来。

　　1956年，林尔嘉的家人把花园献给国家，从此，菽庄花园成为公园。园内的假山是好几代鼓浪屿人儿时的最佳玩耍处，公园里有一座曲折迂回的观海桥，因林尔嘉建此桥时正好44岁，故名四十四桥，桥中间有两块巨石叠在一起，下方一块镌刻着"枕流"，上方一块则镌刻着"海阔天空"。2000年，鼓浪屿钢琴博物馆在菽庄花园内落成。

钢琴博物馆（宝箱二）

位于菽庄花园内，是亚洲唯一的古钢琴博物馆。博物馆建筑造型典雅大方，仿佛一座正在演奏的古钢琴。馆内收藏有许多珍贵的古钢琴与钢琴烛台，其中最特别的是古老的欧洲与美洲钢琴，它们被集中陈列在馆中，清晰地展示着钢琴的发展史。

这些钢琴不仅历史悠久、种类多样，有的还非常奇特。其中，那台克莱门蒂于 19 世纪初制造的四角钢琴声音最为洪亮。钢琴制造大师舒楠 1906 年制作的双键盘的古钢琴有 4 套琴弦、8 个踏板、两层琴键，且黑白琴键颠倒。另外，博物馆里还陈列着琴内镶有三个皇冠的皇室御用钢琴、极为名贵的镏金钢琴、造型独特的手摇钢琴，以及神奇的脚踏自动演奏钢琴等。

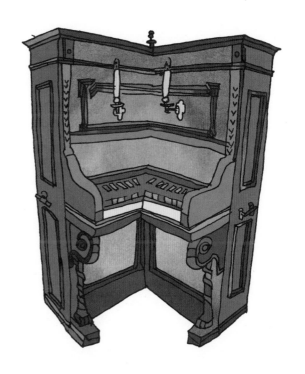

鼓浪屿国际刻字艺术馆（宝箱三）位于菽庄花园对面的一幢小楼内。小楼的面积不算大，差不多500平方米，分上下两层。馆内珍藏着来自中国、日本、韩国、新加坡、马来西亚五个国家的407件刻字作品。一层被辟为国际展厅，二层为中国展厅。这是目前国际上唯一一家大规模、高档次的国际刻字艺术展览馆，代表了国际国内最高的刻字艺术水准。在有些刻字作品里，文字被扭曲成神秘的图案，似图腾一般，呈现出鲜明的时代特色和独特的艺术魅力。

海天堂构对面的黄荣远堂（宝箱四）被称为厦门最精致的老别墅之一，以前这里是厦门市基督教女青年鼓浪屿分会的所在地。很多年前，在被誉为"鼓浪屿夜莺"的颜宝玲带领下，这个精致华丽的建筑里每周举办公益"月光唱片欣赏会"，浓厚的音乐氛围为黄荣远堂披上了一层艺术的面纱。如今的黄荣远堂则被布置成了唱片博物馆，博物馆里收藏着很多珍贵的音像资料，浓缩了中国100多年来唱片音像行业的发展历程。

黄荣远堂的大门前，有两株"明星"古树——圆叶蒲葵。这两棵树见证过百余年的世事变迁，是大陆最早引种且生长最高的圆叶蒲葵，一左一右坐落在别墅两边，仿佛是守卫的士兵。即便"年事已高"，它们依旧苍劲有力地屹立在那里。

厦门市东方鱼骨艺术馆（宝箱五）位于鼓浪屿鼓新路27号的杨家园别墅内，是目前国内乃至国际首家专业鱼骨艺术馆。鱼骨艺术变废为宝，是著名鱼骨艺术家林翰冰先生潜心研究20多年的智慧结晶，是一门崭新的海洋文化艺术。用小小的鱼骨创作的画独具艺术价值，也体现了鼓浪屿的地域特色，令人不禁叹服于艺术家的头脑。

音乐之岛鼓浪屿

鼓浪屿被人称为"音乐之岛"。自 1846 年 1 月 5 日起，每个月的第一个星期一，在厦门的礼拜堂都会举办"中国每月音乐会"。1878 年鼓浪屿协和礼拜堂添置了管风琴，这说明西洋乐器在鼓浪屿出现的时间较早。

西方音乐随着教堂的传播，普及到学校、社会、家庭。19 世纪二三十年代，鼓浪屿不少家庭给女儿的陪嫁品就是一台钢琴。到 19 世纪八九十年代，鼓浪屿的人均钢琴拥有率居全国之首，获得"钢琴之岛"的美誉。

鼓浪屿音乐人才辈出，孕育出许多举世闻名的钢琴演奏家、提琴演奏家、指挥家和音乐教育家，先后出现过百余个音乐世家。漫步于老房与小巷之间，悦耳的钢琴声、悠扬的提琴声、欢快的吉他声或美妙的合唱声不时地飘入你的耳中。鼓浪屿上有丰富多彩的音乐活动，如家庭音乐会、庭院音乐会、音乐文化沙龙、音乐厅的"中外名曲天天演"与鼓浪屿四季音乐周……来自民间的乐手和世界顶尖音乐家在此奏响动听的乐曲，胜似天籁。

对于鼓浪屿的居民来说，音乐是他们所钟爱的一种生活方式。

海上花园

鼓浪屿是一座美丽的花园式岛屿，具有浓郁的人文气息和深厚的文化底蕴，以其别样的山光水影、绚丽多姿的建筑样式而著称天下，四季游人如织，堪称一座"海上花园"。

鼓浪屿上公园众多：由原鼓浪屿公园改成的厦门海底世界；矗立着巨大的郑成功雕像的皓月园；有纪念中国著名妇产科专家林巧稚的大理石像的毓园；灌木花卉云集、棕榈婆娑摇曳的亚热带植物引种园……在如此小的地方坐落着这么多公园，其密度恐怕世所罕见。

鬼斧神工的日光岩位于鼓浪屿岛南部的海滨，海拔 92.68 米，是鼓浪屿的最高点。虽只有百米高台，却因奇峰突起，从海滨抬头望去，显得高耸挺拔。

从日光岩景区南门进，首先见到的是日光岩寺的石牌楼山门。**日光岩寺**（宝箱一）明朝时叫"莲花庵"。这座寺庙因地形而建，与一般庙宇的形制不同，正中是"古莲花庵"，庵前右侧为大雄殿，左侧为弥勒殿，广场上的左侧是地藏殿和钟楼，右侧是伽蓝殿和鼓楼。

从日光岩寺大门进去的左边山坡上，是弘一法师纪念园所在地，民国时期弘一法师曾经来日光岩寺闭关修行。石壁上有"华枝春满　天心月圆"八个字，据说是弘一法师圆寂前留下的偈语。拾级而上，你能看到一座端坐在台基上的弘一法师雕像，他面容安详，目光深邃，在周围一派绿茵茵的景色衬托下，更显独特气质。

继续拾级而上，只见一道由花岗岩条石垒砌的石门横亘在面前，这里就是明末清初郑成功屯兵扎寨的**龙头山寨遗址**（宝箱二）。在冷兵器时代，这里是一夫当关万夫莫开的险要之地。在古寨门旁有一座六边形的亭子，名叫"宛在"。英雄虽已逝，精神却长存，宛在亭边忆英雄，三百余年故垒在。

从宛在亭朝西走，能看见几匹铜雕战马，再往前走有一组"博饼"的铜雕。闽南人总是格外重视中秋节，甚至有"小春节，大中秋"的说法。博饼是中秋节时的一种大众娱乐活动，用六粒骰子投掷结果组合来决定参与者的奖品，相传是当年郑成功为缓解士兵的思乡之情而发明的游戏，一代一代流传下来，就成了如今闽南地区独具特色的民间习俗。这风俗讲究的是博一个好彩头，人们通常愿意相信，博中的人这一年的运气会特别好。博饼活动倾注了人们的情感寄托，这种风气尤以泉州、厦门市区为甚。

对于游客来说，日光岩景区最值得一看的便是顶部的观景台。夕阳下，从观景台上俯瞰，整个鼓浪屿尽收眼底。拥有红色屋顶的各式小楼排列得错落有致，遍布全岛各处，与对岸的高楼大厦形成鲜明的对比，金厦海域的无限风光一览无遗地呈现在你的面前。

毓园（宝箱三）位于鼓浪屿东南部复兴路，为纪念中国著名妇产科专家林巧稚大夫而建。林巧稚大夫出生于鼓浪屿的一个教师家庭，1929 年毕业于北京协和医科大学。她医德高尚，医术精湛，一生中亲自接生的婴儿有 5 万多名，治疗过无数妇科病人，而自己却孑然一身。

毓园占地 5700 平方米，建筑布局自然和谐。林巧稚大夫的汉白玉石雕像坐落在毓园的石坪上，身穿白色大褂，凝视远方，神态安详，如同慈母般和蔼可亲。林巧稚大夫生平事迹展览室中展出林大夫生前学习、工作、生活的照片和许多她曾使用的物品，从这些资料中我们可以看到林大夫对工作极端认真负责的态度，以及对婴儿及其母亲的赤诚热爱。

皓月园（宝箱四）位于鼓浪屿东部海滨，是以海滨沙滩、岩石、绿树、亭阁展布的庭园。园内有一座 1985 年落成的郑成功巨型雕像，由 23 层 625 块"泉州白"花岗岩精雕而成，看起来十分威武。据说这里是当年郑成功训练水师的地方。那时的闽南即使不是荒蛮之地，也绝非富庶之乡，大军驻扎训练，绝非易事。人们为纪念这位伟大的民族英雄，将厦门岛上南北贯通的大道命名为成功大道。

　　皓月园的西南面有一片沙滩，名为大德记海滨浴场（宝箱五）。鼓浪屿的滨海地带有很多沙滩浴场，人们常去的浴场有港仔后海滨浴场、大德记海滨浴场、皓月园内海滨浴场、美华海滨浴场、观海园海滨浴场等。这些浴场坡缓沙细，很适合海滨休闲，前来放松、游泳的游客络绎不绝。鼓浪屿的美丽景色和随海浪起伏的隐隐琴音令人感到无比惬意。

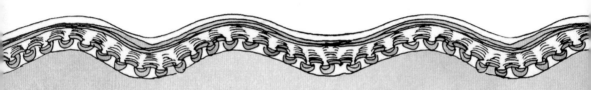

弘一法师李叔同

长亭外，古道边，芳草碧连天。晚风拂柳笛声残，夕阳山外山。天之涯，地之角，知交半零落。一壶浊酒尽余欢，今宵别梦寒。

——李叔同《送别》

林语堂说："李叔同是我们时代里最有才华的几位天才之一，也是最奇特的一个人，最遗世而独立的一个人。他曾经属于我们的时代，却终于抛弃了这个时代，跳到红尘之外去了。"

张爱玲说："不要认为我是个高傲的人，我从来不是的，至少，在弘一法师寺院围墙的外面，我是如此的谦卑。"

鲁迅得到他的书法，在日记里写下："朴拙圆满，浑若天成。得李师手书，幸甚！"

让这些名家大师都如此赞叹敬佩的人便是李叔同。

年轻时的李叔同潇洒风流，才气逼人。他是著名音乐家、美术教育家、书法家、戏剧活动家，中国话剧的开拓者之一，在中国近百年文化发展史中，李叔同是学术界公认的一大奇才。

　　李叔同还是中国新文化运动的先驱，他最早将西方的油画、钢琴、话剧等艺术门类引进国内。李叔同后半生遁入空门，去做了苦修律宗的高僧，法号弘一。

　　弘一法师与厦门有着很深的渊源，曾暂居南普陀寺功德楼，帮助整顿闽南佛学院学风，推动促进闽南的佛学教育，培养了大批佛教人才。抗战时期，弘一法师在鼓浪屿静修，讲经说法。他所居住的了闲别墅是一幢中西合璧的庵堂格局建筑，曾为佛道两教的讲经堂，现今仍是鼓浪屿知名别墅之一。弘一法师还曾在鼓浪屿日光岩寺闭关修行 8 个月，在这期间，他研究日本律宗，编辑佛教学刊。

　　弘一法师出家 24 年，在闽南地区生活达 14 年之久，最后圆寂于泉州温陵养老院的晚晴室。这段时间他苦心向佛，精研律学，弘扬佛法，被佛门弟子奉为律宗第十一代世祖。

舌尖上的小岛

蛋满灌

  蛋满灌（宝箱一）是非物质文化遗产，你能在厦门的街头巷尾看见它的身影，鼓浪屿的龙头路上就有一家制作蛋满灌的店铺。蛋满灌从外表看是一个简单的水煮荷包蛋，但当你咬一口后，就能发现内有乾坤——"蛋黄"里面是满满的馅料！

  制作蛋满灌最重要的一步是将调好的猪肉馅灌入蛋黄之中，这需要一定的技巧，要一点一点地将猪肉馅放到里面，如果技术不到位的话，肉馅是塞不进去的。即便是硬塞进去了，蛋黄大概率已经被破坏得面目全非，煮出来的蛋可能是支离破碎的样子，一点都不完整。所以，这道小吃十分考验制作者的细致和耐心。

  在龙头路上的蛋满灌店里，老板现场制作，顾客可以亲眼看见他将猪肉馅料塞入蛋黄之中的过程。食材中的蛋选用的是个头较大的海鸭蛋，灌好猪肉馅后直接下锅煮熟，炖两三分钟，连蛋带汤盛入碗里，配以香菜、紫菜等佐料，就可以开吃啦！

烧仙草

烧仙草（宝箱二）是不少年轻人的心头爱，只是很多人不知道，烧仙草是闽南地区及台湾地区的传统特色饮品，因有清凉降火、美容养颜的功效，很受当下消费者的青睐。

麻糍

叶氏麻糍（宝箱三）是鼓浪屿的一道奇特风景线，虽然获评"中华老字号"，但它没有固定店面，只是一个手推车式的摊位，据说是现在岛上唯一被特许占道经营的流动摊档。

叶氏麻糍至今已有百年历史，现在传承到第三代，采用现做现卖的经营方式。麻糍全是老板手工制作的：先用金属小刀把糯米团撑开成口袋状，接下来再塞进好多砂糖和花生碎，然后随手捏成丸，最后在芝麻里滚一下。娴熟的手法看得人眼花缭乱。再一尝到手的麻糍，甜而不腻，糯而不黏，美味极了。

海蛎煎

闽南人对海鲜的热爱从来都是只增不减，当地有着独特的海鲜烹饪方式，既尊重海鲜本来的味道又不乏创意。鼓浪屿龙头路有一家海蛎煎店很出名，从中午开始，一直都是顾客盈门的状态。这家的海蛎煎分量大，用料足，加上甜辣酱，味道鲜香。

海蛎煎（宝箱四）又名蚵仔煎，使用加水调和的番薯粉浆，包裹蚵仔、鸡蛋、葱、香菜等食材，煎成饼状物。关于蚵仔煎的起源有多种说法：在一种说法中，它是 1661 年郑成功收复台湾时，在溃败的荷军将所有粮食藏匿起来的情况下就地取材而发明的；在另一种说法中，它是古代穷人发明的一种创意料理，是古人在无法饱食的情况下所发明的替代粮食。海蛎煎是闽南地区的特色菜肴，不管是节日宴客还是平时配酒小酌，一盘鲜美的海蛎煎总是必不可少的。

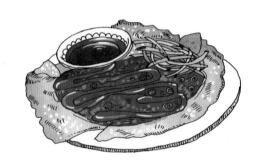

烧肉粽

鼓浪屿的烧肉粽（宝箱五）在全国各地都是极其受欢迎的。当地的烧肉粽所选取的食材非常丰富，多以香菇、虾米、栗子、猪肉、糯米等为原料，吃起来很香且味道很有层次感。

古早味是什么味道？

在厦门你经常能听到"古早味"这个词。古早味并不是一种具体的口味，它被闽南人用来形容古旧的味道，是指沿袭古老做法而烹饪出的美食的味道，也可以理解为"令人怀念的味道"。过去食品工业不发达，一些食物以简单的调料制作，在最大程度上保持了原汁原味。

对于厦门人来说，世界再大也大不过属于厦门的古早味。在外的游子吃一口那份牵挂已久的面线糊，漂泊的心仿佛回到了魂牵梦萦的故乡。打拼到深夜的当地人吃一口浓郁的沙茶面，整日的疲惫也立即烟消云散。

鹭岛海声

环岛路

环岛路沿海而建，全程 31 千米，是厦门国际马拉松比赛的主赛道，被誉为世界最美的马拉松赛道。本地人又叫它五色路，因为蓝色的大海、金色的沙滩、绿色的草地、红色的跑道、灰色的公路在此处交相辉映。其中从厦门大学到前埔的一段海岸长约 9 千米，被称为黄金海岸线，是集旅游、观光和休闲娱乐功能于一体的海滨绿色走廊，也是到厦门游览不可错过的寻宝地。

环岛路是厦门沿海骑行的最佳选择，迎着拂面的海风，沿着海岸线悠然骑行，别有一番韵味。环岛路沿途有众多景点，如胡里山炮台、白城沙滩、椰风寨、国际会展中心、五缘湾湿地公园等。

在美丽的环岛路东南段，有一条依海而筑的环岛路木栈道（宝箱一），全长约 6 千米，能帮助游人抵达此前难以到达的海边礁石路段，尽享海天美景。厦大白城离环岛路木栈道的起点不远，据说历史上此处曾有一道城墙。在鸦片战争期间，"白城"曾是厦门海防的前哨防线。如今，这里有一片厦大学子、厦门市民和游客都喜欢去的美丽沙滩。

81

演武大桥（宝箱二）在白城沙滩旁、双子塔下，因东临古演武池、演武场遗址而得名，是世界上离海面最近的一座桥。远远望去，紧贴海面的大桥犹如一条横卧在碧波之上的长龙。演武大桥与鼓浪屿隔海相望，大桥上有个观景平台可供游人远眺鼓浪屿，实现了景观和交通双重功能的结合。这里还是看落日的好地方：日暮时分，海面倒映着火红的夕阳，一片晚霞的余光化作粼粼的波光，景色美不胜收，让人沉醉其中，难以挪步。

环岛南路上靠近厦门大学处坐落着饱经风霜的胡里山炮台（宝箱三）。它建于清光绪年间，是清末洋务运动的产物，也是全国重点文物保护单位。炮台配备了当时最优的装备，其中最有名的是被称为"炮王"的克虏伯大炮，是世界现存原址上最古老和最大的 19 世纪海岸炮。它威力巨大，当时清政府斥资白银 10 万两才购得。这座三面临海的炮台在历史上有"八闽门户，天南锁钥"之称，曾是我国沿海极具威慑力的战略性炮台。

今朝已经没有了昔日战火的硝烟，岁月静好中，胡里山炮台也显得宁静祥和了起来。景区有个还原炮兵操练情景的表演，在演出中演员模拟点燃大炮。胡里山炮台挨着环岛路临海木栈道的起点，游人可以走在安静的木栈道上，眺望海天一色的美景。

从胡里山炮台出发沿着环岛路木栈道前行，可以走到曾厝垵（宝箱四）。垵，音同错，在闽南语里是房子的意思。曾厝垵被誉为"全国最文艺村落"，这里曾是一个质朴的渔村，后来成为炙手可热的文化创意村。现在村里小店的种类没有以前丰富，整条街化身为美食一条街，各式各样的小吃和琳琅满目的水果让人馋涎欲滴。

椰风寨远离环岛路热门景点集中的区域，相对来说游人少一些，显得较为清幽。这里有一片椰树和广阔的海滩，清晨时分你可以在此处欣赏到绝美的日出。椰风寨与金门岛隔海相望，路边矗立着"一国两制，统一中国"的大标语牌。这一带还有一座巨大的"黑脸妈祖"雕像（宝箱五）。

妈祖的脸为什么变黑了？

厦门妈祖文化广场位于环岛东路，这里有目前海峡西岸最高的妈祖圣像。妈祖信仰流传于中国沿海地区。妈祖又被人们称作天妃、天后、天上圣母、娘妈等，原名林默，宋朝人，诞生于莆田湄洲岛，因救助海难逝世。她生前济困扶危、治病消灾，所以人们在她去世后立庙祭祀，妈祖逐渐演变为历代出海的海员、旅客、商人和渔民共同信奉的神祇。按照民间的习俗，但凡出海前要祭妈祖，祈求保佑一帆风顺和平安，并在船上立妈祖神位供奉。

福建、浙江、广东等地沿海的人多信奉妈祖。明清海禁，泉州港衰落，大批民众为了生计下南洋过台湾，妈祖信仰随着商人和移民南下的足迹更为广泛地传播。在台湾，妈祖更是公认的海神。

在厦门许多地方，妈祖像是最常见的雕像之一。在传统观念里，妈祖雕像的肤色多为白色，庙宇里的一些妈祖肤色为粉红色。然而，厦门环岛东路海边有一尊妈祖，她的脸和手黝黑无比，为何妈祖变黑了？

传说当年郑成功把厦门的妈祖像请到船上，这在信众看来等于是"分灵"出去，需要夜以继日地保证香火不断，因此军士沿途日夜供奉，以至于到台湾时妈祖像被熏黑，成了黑面妈祖。台湾信众认定"黑脸"是妈祖显灵的表现，从此供奉更加虔诚，妈祖文化在台湾乃至全球开枝散叶。

沙坡尾—猫街

厦门"以港立市"，这个"港"就是厦门港。厦门市思明南路从大生里老铁路至演武路之间路段的靠海一侧的区域是历史上的传统渔区，老厦门人习惯把这一区域称为厦门港。有着600多年历史的厦港渔区，曾经独领风骚数百年。它见证过厦门的渔业发展，浓缩了厦门人的码头记忆，也承载着厚重的闽南文化。

厦门港的源头在沙坡尾，古时候这里是一大段沙滩的最末端，而且各处的沙子都会流到这里来，因此得名。随着城市的发展，沙坡尾变得只剩下一个避风坞，平常只能停泊些小渔船（由于外面演武大桥的阻断，大渔船已经无法进入）。

在很多老厦门人的心目中，沙坡尾是他们儿时的小港口，早些年，在沙坡尾能看到渔民在渔船上生产、生活的场景。作为厦门岛内仅存的一处原生态老渔港，有媒体以"厦门最后的乡愁"来形容沙坡尾，引起大家的广泛共鸣。

在最辉煌的时期，沙坡尾渔港年产量达到 3.5 万吨，避风坞周围散布着水产冷冻厂、鱼丸厂等相关企业，形成一个完整的产业链。随着城市的发展和传统渔业的没落，当地不断探索转型之路，最终选择了"小规模、渐进式"的微更新计划，把避风坞内的渔船清理出去，清淤整治，还修起了木栈道，将旧厂房改造成演出场所和供人们活动的公共空间，引进琳琅满目的咖啡店、西餐厅、奶茶店……经过多年的发展，这里成了名副其实的网红一条街。

沙坡尾的转变似乎在情理之中，虽然多少让人感到一丝可惜，但沙坡尾的渔港文化作为一个城市的记忆留存下来，已经十分难能可贵。

艺术西区（宝箱一）位于厦门市沙坡尾 60 号，是一个年轻的文化艺术区。这里随处可见雕塑、陶艺、版画、服饰设计、木艺、动漫、音乐、纸艺、摄影等艺术元素。

在沙坡尾，你只要一抬头便能看到高耸入云的厦门双子塔（宝箱二）。厦门双子塔的正式名称叫厦门世茂海峡大厦，是厦门的标志性建筑之一，外形像两个巨大的船帆，不仅白天看起来很壮观，晚上彩灯点亮后显得尤其漂亮。厦门双子塔顶部是游客从云端俯瞰厦门繁华景象的好地方。

猫街（宝箱三）离沙坡尾很近，在步行可到的范围之内。猫街本名顶澳仔街，是一条100米长的以猫咪为主题的小街。这里原本只有一间猫咪博物馆，后来，顶澳仔被改造一新，街头巷尾都增添了猫元素，整条街道的各个角落无不充斥着萌猫咪的形象，大到拱门、墙壁，小到电线杆、配电箱、电话亭甚至小吃店的窗台，都被粉刷上一幅幅栩栩如生的猫咪涂鸦。漫步于猫街，游人犹如置身猫的世界，于是"猫街"的叫法应运而生，并传播开来。

厦门的猫数量繁多，品种较为丰富，厦门人也十分喜爱猫。有一种说法是，很久以前厦港区域的渔业繁荣，在没有现代冷冻设施之前，渔民们多在向阳坡地晾晒渔获海产。猫天性不亲水，只在食物匮乏时才吃鱼，因此居民们曾经饲养大量猫咪专职捕鼠，而厦门的环境与气候特征适合各种猫咪栖息繁衍，所以厦门才会有那么多的猫。

疍民——中国版的"水上吉卜赛人"

沙坡尾曾经是厦门疍民的集结地。疍民泛指沿海沿江漂泊不定的水居之民，他们终年浮荡江海，以舟为家，以渔为业，随处栖泊，随潮往来，有人形容他们是"水上吉卜赛人"或"海上自由民"。

疍民与其他地方来厦的渔民一起，通过长期的磨合交融，创造了许多独特的风俗习惯，如：忌"翻、沉、破、死、灭、熄、离、散、倒、空"等字；日常在船上吃饭，饭后不能将碗倒放；吃鱼时不准乱翻，若吃的是小鱼，须将整条鱼用筷子夹到自己的碗里后再吃，若吃大一点的鱼，当朝上一面的鱼肉吃完时，要先把露出的鱼脊骨夹掉，再吃下面的鱼肉，这是因为忌讳"翻船"；饭后把手中的筷子在碗里绕几下，再放下筷子，表示渔船绕过了暗礁和浅滩，然后渔船就能安稳可靠地停泊了。

疍民还遵守着特有的海上公德，在渔民出海捕鱼的过程中，如果碰见浮尸或人体残骸，渔民们会立即停下打鱼，用红布把船的"龙眼"蒙住，将浮尸或人体残骸运回岸上。其他船若是遇上该船，都要用红布蒙住"龙眼"侧身避开。厦门港的"田头妈宫"就是一座专门处理这类事务的小寺庙。

在厦门疍民的祖辈相传中，中华白海豚被尊奉为"妈祖鱼"和"镇港鱼"，据说白海豚曾救援过落水的渔民，阻止凶恶的鲨鱼进入港口。渔民还能根据白海

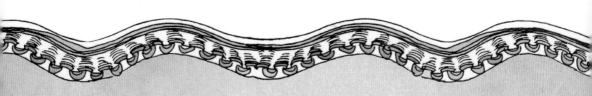

豚群的活动方位，推测出某些鱼群的洄游规律，因此白海豚被视为江海女神妈祖的化身，受到渔家的崇拜与喜爱。旧时渔船遇到"妈祖鱼"，还要烧香祝愿，祈求渔事平安与丰收，归渔的船队与海面翻腾的白海豚常常一同进入鹭江口，场景动人又温馨。

　　疍家女随船出海捕鱼是厦门渔民的传统习俗，这在全国的沿海渔区也少见。这种独特的风俗有其历史原因与社会原因。清初统治者规定不准渔家定居陆上，还禁止渔陆通婚。因此渔家女只好长期生活在渔船上。后来一些禁令逐步被取消，但由于厦门渔港地处一隅，早些年当地主要依靠单一的渔业经济，除了驾船出海，其他的谋生门路较少，因此早期的疍家女大多过惯了船上的生活。

　　厦港的疍家女是船上的多面手，海上的巾帼英豪。她们不但能在船上承担起煮饭菜、洗衣服、刷甲板等繁重的劳动，也能像男渔民一样驾舢板、摇竹排，可以说样样在行。其中的佼佼者甚至掌握了传统作业中惊险万分的"放大鲨鱼"技巧，不时显露一下非凡的身手。

嶝岛群岛

　　厦门本岛已经在飞速的发展中变得越来越现代化，早期小岛及渔村的痕迹越来越少，如果要寻觅海岛最初的美丽，不妨到翔安区的大嶝岛与小嶝岛探索一下。

　　大嶝岛、小嶝岛和角屿三个岛屿距金门本岛仅 1600 米左右。这三岛是 1958 年金门炮战的主战场，被授予"英雄三岛"光荣称号，当年战役的主战场和很多武器、设施都比较完整地保留至今。

位于大嶝岛九架厝的"涂鸦村"（宝箱一）里游客不多，这里的涂鸦墙极富特色，非常适合作为照片背景。这些涂鸦由福州大学教授带领学生耗时一周绘制而成。大嶝岛上还有个世界最大的军事广播喇叭（喇叭后方那个碉堡模样的小建筑就是广播室），曾被用于向台湾方面喊话，阐明我方的政策和立场。当年台湾那边也用一个大喇叭喊话回应大陆。据说金门炮战结束后双方的播音员还见面合过影呢。

大嶝岛上有很多风狮爷（宝箱二）雕像。风狮爷又称风狮、石狮爷、石狮公，与福建省的一种地方民间风俗有关。狮子为百兽之王，狮子的形象被用作辟邪招福的辟邪物。金门、琉球群岛等地的民众常在建筑物的门或屋顶、村落的高台等处放置狮子像，用来替人、家宅、村落避邪镇煞，寄托着民众驱邪、避灾、祈福的美好愿望。

从大嶝岛的码头坐船可前往小嶝岛。与大嶝岛比邻的小嶝岛，美在渔村质朴的人文和风景，那里保留着日出而作、日落而息的生活方式，夜晚的熠熠星光和阵阵涛声让人难以忘怀。

小嶝岛上有两棵很有名的树，一棵叫"独木成林"，另一棵叫"八闽铁树王"（宝箱三）。"独木成林"是一棵古榕树，因榕树长了许多悬垂的气根，气根成长后落地生根又变成了"一棵树"。"独木成林"的树冠巨大，老根、新树和谐相伴，枝繁叶茂充满生命力，据说能容纳100多人乘凉呢！"八闽铁树王"是一棵树龄达数百年的大铁树，它是岛民心目中的常青树。铁树王三个粗大的分枝，弯弯曲曲伸向不同的方向。这棵铁树王年年焕发青春，每年开花时节，它的每个分枝上都会盛开硕大的花朵，很是罕见哟！

小嶝岛曾经历过战火的洗礼，如今地面上还有原始状态的明碉暗堡和战壕。小嶝岛的地底下有一条东西贯穿全岛的地道，长千余米，那是代号为"303"的民防工程——小嶝岛地道（宝箱四）。这条横贯全岛的地道蜿蜒曲折如迷宫，也是小嶝岛的主要景点之一。

在历史上，小嵛岛地道主要用于向前线运送弹药和给养。当年的炮战规模虽然不能与大的战役相提并论，但平均每平方米也曾落下过 1.5 颗炮弹，战场范围内的区域被翻了个底朝天，在当时地面运输根本是不可能的，只能通过这条地道运送物资。地道里面非常湿滑阴冷，即使在炎热的夏天，那天然的凉意也可以让你"凉不思暑"。

小嵼岛的沙滩是可以供游人们抓螃蟹和小鱼的，而且它们的数量还特别多，从侧面反映出这个地方的生态环境极佳。小嵼岛最热门的活动当属滩涂赶海（宝箱五）了。赶海是指赶在潮落的时机，到海岸的滩涂和礁石上打捞或采集海产品的过程，这是渔民的一种劳作方式。当潮水退去，人们拿来铲子和小桶，换上一双合适的雨靴，来到海滩寻找沙中的螃蟹或螺、蚝、蚬等贝类。尤其是刚刚退潮时，能轻而易举地在这边寻到一些好东西。有兴趣的还可以请当地人带去海边捕鱼，只需要站在岸边把铁笼扔进海里，等待鱼儿、螃蟹上钩即可，也算是一种非常独特的体验了。如果幸运的话，遇上"收获"不错的情形，成就感和满足感会在心里堆得满满的。

独木成林

漫步于包括厦门在内的闽南地区，随处都能看到与建筑或者石头共生的榕树，它们之中有很多都长在石缝里，光是树根就有七八米高，随着光阴的流逝慢慢地竟与石墙长成了一体，形成一道别样的风景。

榕树蓬勃的生命力来源于那些不断从枝丫上冒出来的气生根，这些气生根倒垂下来，随风飘拂，仿佛是老榕树的一缕缕胡子，藏着风雨沧桑的故事。气生根能从空气中吸取水分，一旦垂到地上钻入泥土，渐渐地长成支柱根。这许许多多的支柱根与主干一起，支撑起愈来愈繁茂的巨大树冠，因此，就有了"独木可以成林"的奇特景观。

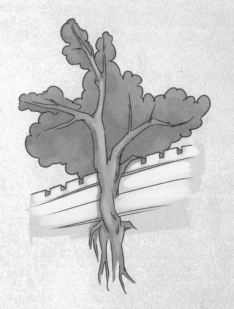

闽南人像极了榕树：脚踏实地，目光却不乏远大。无论到哪里，他们都像榕树的气生根一样，落地生根，发展壮大，直到枝繁叶茂，撑起一片蔚蓝的天空。

五缘湾湿地公园

五缘湾湿地公园是厦门最大的湿地生态园区，占地面积有半个鼓浪屿那么大。这里是集水景、温泉、植被、湿地、海湾等多种自然资源于一身的风水宝地，是隐藏在城市里的"世外桃源"，被称为厦门的城市绿肺。

五缘湾湿地公园常有水鸟光临，有至少 54 种鸟类在这里栖息，每年迁徙期在此处落脚的水鸟更多。每年 3 月，大批的白鹭筑巢繁殖，更有几百只黑天鹅聚集于此，所以这里也被誉为黑天鹅天堂。此时来公园，你可以在湖心鸟岛看水鸟起落飞翔，享受回归自然的惬意。

五缘湾是许多国际帆船比赛的主场地，也是很多帆船出海的起始点。如果时间充裕，你还可以体验一下帆船出海的活动项目，感受一把海风和海水扑面而来的刺激感。

另外，晚上来这里散步也是个不错的选择。晚上的五缘湾在五彩斑斓的桥灯下更显得浪漫无比。

白鹭洲公园

　　白鹭是厦门的市鸟。厦门有很多与白鹭相关的事物，其中就有白鹭洲公园。白鹭洲公园处在厦门岛的核心地段，交通十分便捷。这里以音乐喷泉广场为主题，以白鹭女神像和鸽子广场为中心，一到节日，晚上会有音乐喷泉展示。

　　白鹭洲公园虽不靠海边，但公园的环境非常宜人。鸟语花香，白鹭为伴，这或许是厦门这座鹭城所独有的景致和意境。

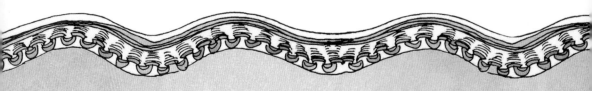

白鹭的传说

厦门自古以来被称为鹭岛，这里流传着一个古老而美丽的传说：很早以前，这片土地上荒无人烟，一群白鹭来到这里，用尖嘴啄利爪挖，开凿了许多泉眼，清澈的泉水哗哗地流淌下来；它们从大陆衔来各种花籽、草籽，播撒在岛上，岛上便百花齐放，绿草葱葱，吸引来各种各样的鸟儿和昆虫，热闹非凡。

盘踞在东海底下的蛇王想霸占这座由白鹭建设而成的美丽小岛，于是率领蛇妖兴风作浪，瞬间岛上飞沙走石，天昏地暗。白鹭为了保卫自己的家园，与蛇妖展开殊死搏斗。领头的大鹭重创了蛇王，赶走了蛇妖，但它自己也身受重伤，最终躺在血泊之中。

后来，在大鹭洒过鲜血的那一片土地上，长出一棵挺拔的大树。那树的叶子像大鹭一样张开，那树开的花像大鹭的鲜血一样火红。这种树木被人们称为凤凰木，而这种花则被人们称为凤凰花。

从此，白鹭们保卫住了自己的家园，继续在这片土地上繁衍生息。

图书在版编目（CIP）数据

海上花园的浪漫：文艺厦门/彭彭文；彭彭，燕十三图. 一上海：上海科技教育出版社，2023.8

（探城寻宝记）

ISBN 978-7-5428-7901-1

Ⅰ.①海… Ⅱ.①彭… ②燕… Ⅲ.①厦门—概况—少儿读物 Ⅳ.①K925.73-49

中国国家版本馆CIP数据核字（2023）第027174号

责任编辑　顾巧燕

装帧设计　李梦雪

探城寻宝记

海上花园的浪漫：文艺厦门

彭彭　文

彭彭　燕十三　图

出版发行　上海科技教育出版社有限公司

　　　　　（上海市闵行区号景路159弄A座8楼　邮政编码201101）

网　　址　www.sste.com　　www.ewen.co

经　　销　各地新华书店

印　　刷　苏州美柯乐制版印务有限责任公司

开　　本　720×1000　1/16

印　　张　6.75

版　　次　2023年8月第1版

印　　次　2023年8月第1次印刷

书　　号　ISBN 978-7-5428-7901-1/G·4687

定　　价　58.00元